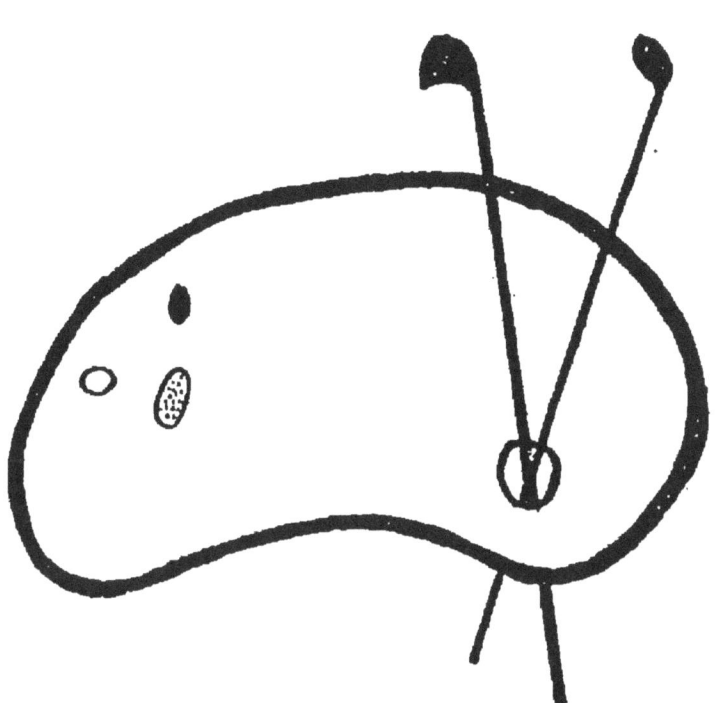

COUVERTURE SUPERIEURE ET INFERIEURE
EN COULEUR

1856

19. 20. Mai

Exposition chaque jour

1665 - 85

CATALOGUE
D'ESTAMPES

ANCIENNES ET MODERNES
DES DIVERSES ÉCOLES

Italienne, Allemande, Flamande et Française

LITHOGRAPHIES
ET BEAUX DESSINS

de Boucher, Wille fils, etc.,

DONT LA VENTE AUX ENCHÈRES PUBLIQUES AURA LIEU

HOTEL DES COMMISSAIRES-PRISEURS
RUE DROUOT, 5

SALLE N° 5 BIS, AU 1ᵉʳ ÉTAGE,

Les Lundi 19 et Mardi 20 Mai 1856, heure de midi,

Par le ministère de Mᵉ **DELBERGUE-CORMONT**, Commissaire-Priseur, rue de Provence, 8.

Assisté de M. **VIGNÈRES**, marchand d'Estampes,
Rue de la Monnaie n. 13, à l'entresol, entrée rue Baillet, n. 1.

Chez lesquels se distribue le présent Catalogue.

On pourra voir les Estampes chaque jour depuis 11 heures du matin.

PARIS
MAULDE & RENOU
IMPRIMEURS DE LA COMPAGNIE DES COMMISSAIRES-PRISEURS,
rue de Rivoli, 144.

1856

ORDRE DES VACATIONS

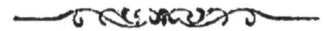

Lundi 19 Mai.

Estampes. . . . . $\begin{cases} 375 \quad 330 \\ 287 \text{ à } 329 \\ 1 \text{ à } 143 \end{cases}$

Mardi 20 Mai.

Estampes. . . . . $\begin{cases} 375 \\ 144 \text{ à } 286 \end{cases}$

Dessins. . . . . 331 à 376

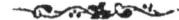

On commencera à une heure précise.

Pour les Dessins on a conservé les attributions de l'amateur.

———

Cinq pour cent en plus des enchères applicables aux frais.

M. VIGNÈRES faisant la vente se charge des Commissions.

Vente du 19 Mai 1856

Daut	26 pièces Diverses		1	75
Dur	14 pièces Diverses		1	..
Rous	124 petites pièces		1	..
Rous	105 vignettes etc.		1	..
Jen	24 Cartes turques		1	..
Lav.	13 Vignettes n° 39		2	50
Lav.	8 Portraits et Vignettes		2	..
Lav	Album environ 50 p.		4	..
Font	1 Cahier Amour des Dieux		1	50
Ben	8 pièces Françaises		2	
Ben	11 Ornemens	Vignères	2	
Ben	30 Architecture		3	
Ben	70 Vues Architecture		5	
Lav	Cinq ordres d'architecture etc		1	
Font	7 Cahiers Pochexp		1	
Ros	n° 12 20 Croquis		2	
Rochou	2 Poussin	Vig. Mesteil	1	
	20 Ecole Française		2	75
	20 Ecole Flamande		1	50
	20 Ecole Italienne		1	
	50 Portraits monogr. etc	Vignères	3	
	100 d°		2	75
			43	75

DÉSIGNATION
DES ESTAMPES.

1 **Albane.** Fédération des départements du Nord, Pas-de-Calais et Somme, à Lille, 1790. Grande pièce curieuse pour le nombre de figures en costumes de l'époque.

2 **Aligny** (Th.). Vues des sites les plus célèbres de la Grèce antique, 5 liv. de deux planches avec texte grand in-fol. 10 p.

3 — Campagne de Rome, royaume de Naples. 2 p. à l'eau-forte, sur chine.

4 **Anonyme.** Paysage avec cavaliers et chiens de chasse. Très belle eau-forte anglaise.

5 — C. B. 1531. Huit enfants jouant aux soldats, etc. Jolie p. B. vol. VIII, page 335. 4.

6 **Argent** (d'). Où peut-on être mieux qu'au sein de sa famille, sujets d'intérieurs. 7 p. vignettes in-8.

7 **Aubert,** d'ap. Girolamo Mazzuoli. Vierge et Jésus adorés par un chevalier. Très-belle épr. avec grande marge.

8 **Aubry** (C.), d'ap. Ambert. Esquisse de l'armée française, 13 p. et texte.

— 4 —

9 **Aubry le Comte**. Danaé. Belle ép. toute marge.

10 — D'ap. Girodet, têtes d'études de l'Ossian. 16 et explication du tableau 17 p.

11 **Audran** (G.), d'ap. Raphaël. Figures hiéroglyphiques du Vatican, 13 p. belles et anciennes épr.

12 — Martyre de saint Laurent, d'ap. Le Sueur. Belle ép.

13 — La Vierge au rosaire, d'ap. Dominiquin. Belle ép.

14 — Le Jugement de Salomon, d'ap. A. Coypel. Très-belle ép.

15 — D'ap. N. Poussin, sainte Françoise. Très-belle ép.

16 **Audran** (J.), d'ap. N. Poussin, l'Enlèvement des Sabines.

17 **Avril** (J.-J.), 1781, d'ap. Rubens. Le Croc en jambe. Grande et belle pièce avant l. l. grande marge.

18 **Balechou**, d'ap. J. Vernet, la Tempête et les Baigneuses, encadrés.

19 **Balze**, d'ap. Ingres. Tête d'Odalisque lithographiée. Rare.

20 **Baudet** (Et.), d'ap. N. Poussin. Frappement du Rocher.

21 **Bazin** (N.), d'ap. C. Le Brun. Christ en croix. Très-belle ép. avec grande marge.

22 **Beham**. L'Enfant prodigue, B. 35 ; le Jugement de Salomon, G. Pentz, B. 23 et autres. 5 p.

23 **Bella** (Stef. della). Le Pont-Neuf.

Cre 35

M S Creus 10

M 7 Cre 8

M. 4

Cre. 5

M. 10

M. 8

Niv. 7.

Niv. 12.

Niv. 12

M. 6

M. 7.

24 **Benedetti**. Portrait de Canova. Très-belle ép. d'un superbe portrait gravé et imitant à s'y méprendre la lithographie, grand in-fol. belle marge. Rare.
25 **Berghem**. Halte près du Cabaret, B. 11.
26 **Bervic**. Portrait de Louis XVI. Première ép. avant la planche coupée.
27 **Binck** (Jacques). La Vierge couronnée par un ange, d'ap. Alb. Durer, 57 pièces non décrite.
28 — Jeune seigneur comptant de l'argent, ayant au fond une guitare; à droite et à gauche de la vaisselle sur une table. Deux Amours en haut soutiennent un ornement qui encadre le sujet. Pièce curieuse, le jeune seigneur ayant une tête de mort sur son estomac soutenu par sa robe fourrée; non décrite, rare.
29 **Blery** (Eug.). Eaux-fortes prises en Dauphiné, 6 p.
30 **Boilly** (d'ap.). Le Sommeil trompeur et le Réveil prémédité, 2 p.
31 — La Douce impression de l'harmonie, et suite, 2 p.
32 — Qu'elle est gentille!, et autre, 2 p.
33 — L'Amour couronné. Belles ép.
34 **Boissieu** (J.-J. de). Vue de Champ-Verd, près de Lyon, avant l'adresse d'Artaria. Superbe ép. chine. Rigal 43.
35 **Both** (J.). Le Chariot attelé de bœufs, B. 2. Les deux Mulets, B. 4. Le Trajet, B. 7, etc. 4 p.
36 **Boutats**, 1688. Couronnement d'un roi de Hongrie, entouré de huit scènes historiques, à Presbourg, etc. Pièce historique curieuse.

37 — Massacre de Henri-le-Grand, par F. Ravaillac, en 1610.

38 **Bridoux**, d'ap. Winterhaler, portrait à mi-corps de Louis-Philippe Ier, roi des Français. Très-belle ép. toute marge.

39 **Broeck** (Barbara Vanden). Sainte-Famille servie par des anges.

40 **Callot**. Les Misères de la guerre, 18 p.

41 — Combat à la barrière, entrées de son altesse, de M. Macey, duc de Lorraine, etc., 8 p.

42 — Les Bohémiens, 4 p.

43 — Exercices militaires, 12 p.

44 — Varie figure di Jacopo Callot, 10 p.

45 — Varie figure Gobbi, 1616, 13 p.

46 — La Chasse au cerf, avant l'adresse.

47 — Les Trois pantalons, 3 p.

48 — Vie et histoire de la Vierge, 15 p.

49 — Les Gueux, 17 p.

50 — Les Apôtres, 11 p.

51 — Baigneurs, fêtes, etc., 6 petites p.

52 — Grande allégorie, dédiée au duc de Lorraine.

53 **Caylus**. Fac simile de dessins, d'ap. les maîtres italiens, et autre, 5 p.

54 **Cardon**, 1765, d'apr. Ricciarelli. Grandes vues de Naples dédiées à Hamilton, 4 p.

55 **Charpentier**, d'apr. Foussereau. Costumes militaires sous le gouvernement provisoire, 12 p. lith. coloriées.

56 **Chevillet**, d'après Watteau. Mort du marquis de Montcalm-Gozon, grand in-fol.

57 **Claude Lorrain** (d'ap.) Paysages, 4 p.

Viv. C.

Cre 20 Siccli R.

58 **Chodowiecki** (D.), 1768. Les Adieux de Calas à sa famille. Très-belle ép. d'une belle pièce in-fol. en travers.

59 — Réduction du même sujet, in-8, en hauteur. belle épr.

60 — Frédéric II passant la revue, et 108 autres p. in-8 et in-4, tirées de divers ouvrages. Très-belles ép., plusieurs les feuilles entières, les sujets n'étant pas encore coupés. Sera divisé.

61 **Choffart**, 1803. L'oracle des Amants, très-belle épr., lettre grise avec marge.

62 **Chollet**, 1822. J'ai perdu, et le pauvre Diable, d'apr. Rœhn. 2 p. très-belles épr. avant l. l.

63 **Cochin** (C.-N.) Portrait de Jacques Sarazin l'aîné, sculpteur. Très-belle ép., grande marge.

64 **Cochin** fils, d'après Slodz. Pompe funèbre de Philippe V à Notre-Dame. Grande pièce, belle épr., toute marge.

65 — etc. Le bal pour le mariage du dauphin, etc. 5 p.

66 **Colette**. Les quatre Saisons, représentés par des jeunes filles. 4 p.

67 **Colin**, d'apr. Gericault. Fac-simile de dessins, d'écriture et le portrait. 9 p. très-bel ex.

68 — Course de chevaux libres à Rome, fac-simile d'un dessin à la plume de Gericault.

69 — Les cinq Sens. 5 p. sur Chine.

70 — Eau-forte, groupe de paysans, avec chariot au fond à gauche. Rare.

71 **Collaert**, C. de Pass, etc. Cultura carnis, Hercule et Acheloüs, etc. 3 p.

72 **Contardi** (A.) Portrait de Pie VII, d'après Wicar. Belle épr. avec marge.

73 **Copia**, d'apr. Sicardi. Come la trovate. Très-belle épreuve en bistre.

74 **Coypel** (d'ap. C.) Histoire de Don Quichotte et Sancho, 25 p. par Cochin, et autres. Très-belles épr., grandes marges.

75 **Cunego**, 1786, à Berlin. Grand portrait en pied de Fred.-Guillaume, prince de Prusse.

76 — d'après Raph. Mengs. Groupes d'enfants peints au Vatican. 2 p.

77 **Daullé**. Portrait de Hyacinthe Rigaud, peignant sa femme.

78 **Delacroix** (Eug.) Lion de l'Atlas. Tigre royal. 2 belles épr. lith. avec l'adresse de Gaugain.

79 **Delaunay**, d'ap. Bertin. La Gayeté de Silène. Très belle épr. avec grande marge.

80 — d'apr. Aubry. Les Adieux de la nourrice. Belle épr.

81 **Denon**. Eaux-fortes faites au Caire, et lithographies par lui. 44 p.

82 **Descourtis**, d'apr. Taunay. Noce de village. Jolie pièce imprimée en couleur.

83 **Desplaces**, d'après Watteau. Mademoiselle Desmares, Dumirail, Poisson et autres. 8 p. belles ép.

84 **Desrochers**, d'ap. Largillière. Portrait de Ch.-Franç. Poerson, peintre. Superbe épr., avec belle marge.

85 **Devosge** (Fr.), de Dijon. Recueil de ses principaux ouvrages. 22 p. grand in-fol. au trait.

— 9 —

86 **Dickinson**. Lucrèce, Lydia. Jolies femmes couchées, ovale en travers, 2 p. en bistre. Belles épr.

87 **Dien**, d'apr. Raphael. Portraits de Perugin et Raphael. Très-belle ép. toute marge.

88 **Dorigny**, d'apr. Raphael. La Transfiguration. Belle épr., grande marge.

89 **Drevet** (P.) Portrait de Marie de Neufchâtel et Vallangin, duchesse de Nemours. Très-belle ép.

90 — Hélène Lambert, femme de F.-M. de Motteville. Très-belle épreuve.

91 — d'après Coypel. Eliézer et Rebecca à la fontaine. Très-belle épr. avec gr. marge.

92 — Portrait du cardinal de Fleury. — Villeroy, par Edelinck. — J.-B. Bertin, par Gaillard. — L. de Boullongne, par Lépicié. 4 p.

93 **Duflos**, d'apr. de Troy. Jupiter et Sémélé. Très-belle ép. Grande marge.

94 — d'apr. Benard, la Fileuse. Belle épr.

95 **Duponchel**, d'apr. Le Barbier. Le Mouchoir, scène turque. Belle épreuve, toute marge.

96 **Dupont** (Henriquel). Portraits de M. Normand? et Pastoret, eau-forte. 2 p.

97 **Durer** (A.) Saint Sébastien attaché à un arbre. B. 55. Belle ép.

98 — L'Oriental et sa femme. B. 85.

99 — L'Enseigne. B. 87. Belle ép.

100 — Son portrait en bois. B. 146. — La Scène. B. 53. A. 2 p.

101 **Dusart** (C.) Le Violon assis. B. 15.

102 **Edelinck** et Nanteuil, d'après Champagne, Moïse. Belle épreuve.

103 **Elsen** (d'apr.) Par divers, vign. 6 jolies p.
104 **Falck** (J.). Portrait de Christine, reine de Suède. Belle ép.
105 — Portrait du général Axelio Lillio, baron de Kides, etc., gouverneur de Poméranie. Très-belle épr.
106 — **Falckeysen**, d'ap. B. West, mort du général Wolfe.
107 **Ficquet.** Portraits de Voltaire et Colbert, par Savart. 2 p. belles épr.
108 **Finlayson**, d'apr, Zoffanij, Garrick en John Brute et Foote et Weston en président et Dr. Last. 2 p. belles épr. avec marge.
109 **Flatters** (d'ap.) Le Paradis perdu, 3 livraisons avec texte in-fol. 7 pl. sur chine.
110 **Fragonard** (J.-H.) Eaux-fortes (C. de Veze), n. 3, 4, 5, 6, 7, 9, 13. Deux ont peu de marge, les autres sont à toute marge. En tout 7 p. belles.
111 **Fratrel** (Jos.) Eaux-fortes diverses. Portraits, sujets, dont le fils du meunier. 10 p. rares et belles.
112 **Frey** (J.), d'apr. Le Guide. Le Char du Soleil.
113 **Galle** (C.), d'apr. Rubens. Les Pères de l'église. Belle épreuve avec Gilis Hendrick.
114 **Gelée**, d'apr. Prudhon. La Justice divine poursuivant le crime. Très-belle ép. avant la lettre.
115 **Gérard.** L'espoir du retour. Belle épr.
116 **Germain** (P.-F.). Journée du 25 juin 1791 : le roi arrivant de Varennes à Paris. Pièce très-curieuse comme vue de la place Louis XV et le nombre de costumes de l'époque. Epr. avec marge.

V. 6.

12. 5

.2

.16

.N

N.5 V.16 .2

.2

.2

N.6 M.9 .B

.N

Cre 5 .F

.16

— 11 —

117 **Gessner** (S.) Le Pêcheur ou la porte ouverte, n. 3.

118 **Goltzius**. Adoration des Bergers. Effet de lumière non terminé.

119 **Green** (Val.), d'apr. Gainsborough. Portrait en pied de David Garrick, célèbre comédien appuyé contre le buste de Shakespeare. Très-belle épr. avec marge.

120 — d'apr. West; Daniel et Balthasar. Maladie d'Antiochus et autres. 3 p.

121. **Grunler.** Types d'hommes, le Magnifique, l'Homme blasé, le Présomptueux, le Chicaneur. 12 jolies petites pièces.

122 **Guerchin** (d'apr.) Fac-simile de dessins. 17 p.

123 **Guyot**, d'apr. Watteau. Cris et costumes de Paris, gravés en couleur. 1786. 6 p.

124 **Heath**, etc. Georgina, Peel, Blessington, etc. 4 p. sur Chine.

125 **Hemery**, d'apr. Machy, Inauguration de la statue de Louis XV, 1787. Grande et belle pièce curieuse pour la réunion de figures en costumes de l'époque.

126 **Henriquez**, d'après Rubens, Allégorie. La sagesse défendant des fureurs de la guerre, gr. et belle pièce avant l. l. avec gr. marge.

127 **Ingouf**. Sujets de la vie de Saint-Bruno, d'ap. Lesueur. Eaux-fortes. 6 p.

128 **Jeaurat**, 1728, d'ap. Lebrun. Entrevue de Louis XIV et de Philippe IV à l'île des Faisans. Belle épr.

129 **Jehotte**, d'apr. Gerard. L'Amour et Psyché. Ep. d'artiste.

— 12 —

130 **Johannot**. Vignettes pour le vicaire de Wakefied. 10 p. avant l. l.
131 — Vignettes sur bois pour la Jérusalem délivrée. Ep. de choix, chine volant. 15 p.
132 **Joullain**. Portrait de Franç. Desportes, peintre. Très-belle ép. avec marge.
133 **Keller**, d'ap. Lessing. Mort de Frédéric II.
134 **Kilian** (P.-A.). Portrait de Léopold, comte de Daun. Manière noire.
135 **Kock**. A Rome, serment de 1,500 Français de défendre la redoute de Montenesimo. Grande pièce à l'eau forte, très-belle.
136 **Kolbe** (C. W.) Grand paysage en travers, avec une vache sur un pont au milieu. Belle épr. av. marge.
137 **Larmessin**, d'apr. Vanloo. Portrait en pied de Marie Leczinska, reine de France.
138 **Lawrence** (d'ap.) MM. Littleton, Regard, Study, etc. 5 p.
139 — Master Lambton et lord Peel. 2 p.
140 **Le Bas** (J.-P.) Portrait de P.-J. Cazes, peintre, d'ap. Aved. Très-belle ép.
141 — D'ap. Drouais. Robert le Lorrain, sculpteur. Très-belle ép.
142 — d'ap. Teniers. Tentation de saint Antoine, Les philosophes bacchiques. 2 p.
143 — d'apr. Wouvermans. La petite Fermière. Très-belle ép. Grande marge.
144 **Le Brun** (d'ap.). Ceintres des salons de la paix et de la guerre à Versailles. 8 p.

J.P.A.   2

                4
                4
J.P.C.   1
                2
                2
Pos C. M. C.   1

— 13 —

145 **Le Clerc** (Seb.) Elévation du mai dans la cour des Gobelins en l'honneur de Le Brun. Tr.-belle ép.

146 **Legoux**, d'apr. Boze. Portrait de Louis XVI. Joli petit médaillon imprimé sur satin.

147 **Legrand** (Aug.) Avant la toilette et l'étude de la musique. 2 p.

148 **Legrand**. La bergère des Alpes. Grand et beau paysage. Tr.-belle ép. avec marge.

149 **Lempereur**, d'ap. An. Carrache. L'Attente du plaisir. Belle ép.

150 **Leonard**. Portraits gravés à l'eau forte au burin et à la manière noire. 108 p. Sera divisé.

151 **Leroux**, d'ap. Leonard de Vinci. Léda. Lettre grise.

152 **Leroy** (J.-J.). Ornements d'orfévrerie et autres. 12 p.

153 — Ecole du Cavalier. 8 p.

154 — Histoire naturelle. Architecture. 16 p.

155 **Leu** (Th. de). Le Nil. Belle épr.

156 **Leeuw** (W.), d'apr. Rubens. Chasses au sanglier, à l'hippopotame et crocodile. 2 p.

157 **Lignon** (F.), d'apr. Dupré. Portrait en pied de Louis-Philippe 1er, roi des Français. Très-belles épr. toutes marges.

158 **Lips**. Dibutade. La Charité et intérieur de famille suisse. 3 jolies pièces.

159 **Lombart**, d'ap. Van Dyck. Rachel Middlesex, comtesse.

160 **Longueil** (de), d'apr. Le Prince. Les Modèles. Très-belle ép. avant l. l. Avec marge.

161 **Lucas de Leyde.** Saint Jacques le Majeur. B. 91. Belle ép.

162 **Maratti** (C.), d'ap. Raphael. Heliodore chassé du temple. Très-gr. p. en deux feuilles. Grande marge.

163 **Marin Lavigne,** d'après Raphael. Jésus-Christ portant sa croix. Ép. chine.

164 **Martenasie,** d'ap. Greuze. La lecture de la Bible. Très-belle épr., grande marge.

165 **Martini.** Exposition des tableaux au salon du Louvre. 1787. Rare.

166 **Massole.** Le lever et le coucher. 2 p.

167 **Masson.** Portrait de P. Dupuis, peintre.

168 **Maurin.** Psyché et toilette de Vénus, par Dassy, d'ap. Girodet. 2 p. belles ép. lith.

169 **Mechel** (Chretien de). Entrée et prestation de serment de M. de Vergennes dans l'église de Soleure pour le renouvellement d'alliance. Deux très-grandes pièces avec un très-grand nombre de figures.

170 — d'après Loutherbourg et autres. 5 grands paysages.

171 **Meer** (van der). La brebis debout. B. 2. Très-belle ép.

172 **Mellan.** La Vierge, saint Joseph et trois autres saints. Belle ép.

173 **Monnin,** d'ap. H. Merle. Portrait de M. Emile de Girardin. Belle ép. chine avant l. l.

174 — Le même avec l. l.

175 **Moreau** le jeune. Pièces tirées des chansons de La Borde. 8 p. dont 3 eaux-fortes pures.

Ore 12

JBN	150	Divers		1	25
JBN	200	Portraits		2	
JBN	200	d.		1	25
JBN	200	d.		1	25
JBN	100	fleurs et fruits		1	50
JBN 20 Mai	100	fleurs et fruits		1	..
Durand	30	Architecture		1	..
Durand	40	Cartes		1	..
Rochon	52	Portraits		3	25
Rochon	25	d.		5	50
Rochon	40	Cartes	Vignour	1	..
Rossi	n° 6.	16 têtes Girodet		1	25
Rossi	n° 10	9 pièces Religieuses couleur		2	..
Sixe	7	Ingouf		1	..
"	13	pièces	Vig.	1	50
Sixe	24	pièces		1	..
Sixe	31	Études et Lithographies		1	25
Rochon	50	Portrait	Vignour	7	..
Rosselin	n° 8	12 chasses		1	..
Sixe	30	Portraits		1	50
Sixe	50	Vignettes		1	
Durand	2	Cartes Vernies		4	
Fontaine		Amours des Dieux		1	50
Rochon	100	Portraits	Vignour	3	..

Alexandre	30	pièces			1 ..
Hau.		Henri III	Vzy.		4 ..
Alexandre	5	Baudoin			1 25
Alexandre	9	pièces			2 ..
Alexandre	3	Cadres			1 50
Alexandre	3	Cadres			1 50
Alexandre	6	Cadres			4 50
Alexandre	5	Cadres			5 ..
Alexandre	4	Cadres			3 25
Alexandre		Portrait	Vigneron		1 ..
Alexandre	12	Costumes			1 ..
Lavigne	13	Dessins			5 ..
Alexandre	6	Dessins Sanguine			1 ..
Alexandre	46	Dessins			5 50
Alexandre	40	Dessins			2 ..
Alexandre	15	Dessins			2 50
Alexandre	13	Dessins	Vig.		3 50
Rochou	30	Portraits			3 ..
Sauty	20	pièces			3 50
Rossein	n°9	72 fac-simile			2 50
Sixe	20	vues de Paris chine			2 50
Sixe	74	pièces Armases brut			1 50
Durand	27	têtes d'après Girodet			2 50
Durand	40	Cartes			2 75
					154 50

p. 10

Cre. 5

Cer. 15.

M 6. P(7. V. 8.

Cre. 10

14

— 18 —

176 — Constitution de l'Assemblée nationale à Versailles, 1789. Très-belle ép. Jolie pièce avec la liste des députés au bas. Belle marge.

177 **Moreau** (d'ap. L. G.). Cascade à Bagatelle et pont chinois à Fontainebleau. Très-belles épr. avant l. l. Gravées par Elise Saugrain. 2 p.

178 **Moreau** et autres (d'ap.) Sujets gracieux. 6 p.

179 **Murphy**. Portrait de William Pitt à mi-corps. Belle épr. lettre grise, grand in-fol.

180 **Nanteuil**. Portrait de Victor Le Bouthillier, archevêque de Tours. R. D. 54. Très-belle épr.

181 **Natalis**, d'apr. Titien. Composition allégorique connue sous le nom du *Marquis de Guast*, en cuirasse, posant sa main sur le sein d'une femme qui tient une boule de verre, etc., etc. Superbe épr. avec grande marge.

182 — Saint Bruno, d'ap. Berthollet. Très-belle ép.

183 **Nicoleto de Modene**. Léda et Jupiter en cygne. B. 46. Jolie pièce gracieuse.

184 **Normand**, d'ap. Percier et Fontaine, arc de triomphe des Tuileries, 1806. 27 p. au trait et 3 feuilles de texte. In-fol. broché.

185 **Overbeck** (d'ap.). Moïse et les bergers. Belle épr. sur Chine, gravée par Gruner.

186 — Agar et Ismael, fuite en Egypte. 2 p.

187 **Palmerius**. Le Berger et la Fileuse. 2 p.

188 **Pannier**, d'ap. Winterhalter. Portrait en pied de Louis d'Orléans, duc de Nemours. Très-belle ép. chine.

189 **Pencz** (G.) Médée remettant à Jason ses dieux pénates comme gage de sa foi. B. 71.

— 16 —

190 **Perrier** (F.) La Sainte-Famille prête à s'embarquer pour fuir en Egypte, d'apr. le tableau à sainte Elisabeth à Paris. Belle ép. avec l'adr. de Mariette.

191 **Picart** (B.). Le Lutrin de Boileau, en six chants, 6 p. in-4. Belle ép.

192 **Pièces historiques** sur le partage de la Pologne, par Nilson et Reinhardt, 2 p.

193 — de l'Histoire de France, etc., 7 p.

194 — Arrivée des Remplaçants et départ des Remplacés; Tableaux de Paris en floréal, 2 p. curieuses.

195 — Assemblée des Notables, 1787 et autres sujets jusqu'à 1789, 9 p. Belles ép.

196 — Prise de la Bastille et autres, 6 p.

197 — Mort de Latour-d'Auvergne, Desaix, Kleber, 3 p. en hauteur. Rares.

198 — Triomphe de l'Agioteur, grande pièce avec les monnaies; monument élevé aux Brotteaux, à Lyon en 1795 et autres, 5 p.

199 — Entrée d'Henri IV à Paris, d'ap. le tableau ayant appartenu à Rosny; Testament de Louis XVI, Tombeau de Napoléon, 8 p.

200 — Tableaux de l'Histoire de Louis XIV et XV, et autres, faisant partie de l'ouvrage de La Borde, 15 p.

201 — Batailles et plans de combats, 1660, etc., 22 p.

202 **Plonski.** Eaux-fortes, 11 p.

203 **Ponce**, d'ap. Bounieu. L'Innocence sous la garde de la Fidélité. Très-belle ép.

5/ 7. 9

7.

?? 8.
710.

Comb

204 **Portraits**, par Ingouf, Johannot et autres, 45 p.
— des princes de Savoye et autres, 35 p.
— d'Henri IV et Louis XIV, 8 p.
205 — Lithographiés, généraux, Rabbins, etc., 27 p.
206 — Anglais et français, 24 p., sera divisé.
207 — Musiciens et acteurs anglais, 18 p., pourra être divisé.
208 — Les rois de France, par Larmessin, depuis Pharamond jusqu'à Henri IV, 63 p. Très-belles ép. reliées en un vol. in-4. Étui.
209 — d'hommes illustres italiens, 70 p.
210 — Français et étrangers, 85 p.
211 **Potter** (Paul). Le Vacher, B. 14.
212 Prix de gravures, études académiques des 1ᵉʳ et 2ᵉ prix, depuis Masquelier, an XIII, Richomme, 1806; Dien, 1803; Coiny, 1816; Giraud, 1826; Martinet, 1830, et jusqu'à 1854, 25 p. Belles épr.
213 **Prud'hon** (d'ap.). Mange mon petit, mange. — Oh! les jolis petits chiens; et divers autres pièces, 14 p.
214 **Punt**, 1747 à 1763, d'ap. Rubens. Tableaux de l'église des jésuites d'Anvers, 12 p. y compris le portrait de Rubens. Très-belles ép.
215 **Queverdo**, d'ap. Moitte. Triomphe d'un Satyre et Apollon et Hyacinthe, de Cunego, 2 p.
216 **Raimondi** (Marc-Antoine). Jésus-Christ à table chez Simon-le-Pharisien, première épr., avant le pavé carrelé et l'adr. de Lafrery (doublée).

217 — Martyre de sainte Félicité. Belle ép. du cabinet Durand.
218 **Augustin Vénitien.** L'Empereur rencontrant le guerrier, B. 196. Belle ép. venant du cabinet de Valois.
219 **Ransonnette.** Vues diverses, ép. d'artistes, 25 p. Sera divisé.
220 **Raphaël** (d'ap.). Jupiter, Mars, Mercure, sur des chars, à l'eau-forte, 3 p.
221 **Raunhein**, d'ap. Delaroche, sainte Amélie. Très-belle lithog. in-fol. sur chine.
222 **Ravenet**, d'ap. Salvator Rosa. The prodigal son. Très-belle ép.
223 **Rembrandt.** Baptême de l'Eunuque de la reine de Candace, B. 98.
224 **Reynolds** (d'ap.). Lady Sarah Lenox; Susan Sarah, et Ch. James Fox. — Lady Sarah Bunbury, 2 p.
225 **Roghman** (R.). La Hotte au pied de l'arbre, B. 27.
226 **Rosaspina** (Fr.) et autres, d'ap. Raphaël, Guide, etc., 28 p. de la galerie de Bologne.
227 **Rossini.** Il Corso di Roma, et autres vues de Rome, sur chine, 4 p.
228 **Rousselet.** Portrait de Richelieu, cardinal.
229 — D'ap. La Hire, sainte Geneviève, patrone de Paris, avec une vue de Paris au fond. Belle ép. avec marge.
230 — Jésus-Christ au Prétoire, d'apr. Perrier. Belle ép.
231 **Rubens.** La Vieille à la chandelle. (Basan, tome III, p. 118. 46 (43). Belle ép.

M. 18.

M.16. *Y*.40 10 | 3

Ros. 6.

232 **Rubierre**, d'ap. Pérignon, Michel-Ange et le Tasse arrivant à Rome, 2 p. en pendant. Belles ép. toute marge.
233 **Ruysdael**. Le Petit pont, B. 1.
234 **Ryckemans** (N.), d'ap. Rubens le Christ au tombeau.
235 **Sadeler**. Vierge et Jésus (aux fruits), et Vierge priant, 2 p.
236 **Schulze**, d'ap. Van Dyck. Cromwell? homme de face cuirassé, portant de longs cheveux et s'appuyant de la main droite sur le bâton de commandement, magnifique ép. avant toutes l. et marge.
237 **Schuppen** (Van). Portrait du grand Dauphin, fils de Louis XIV, d'ap. de Troy. Belle ép. avec marge.
238 **Schwindt**. Réception d'un orphelin. Grande pièce en manière noire.
239 **Sisco**. Saint Louis, d'ap. M. Delaroche. Très-belle ép. chine.
240 **Sixdeniers**. Endymion, d'ap. Girodet, in-4. Très-belle ép. d'artiste sur chine.
241 **Sixdeniers**. Honneurs rendus à Raphaël après sa mort. Grande pièce avec trait explicatif d'ap. le tableau de M. Bergeret, 1806. Très-belle ép. toute marge.
242 **Smirke** (d'ap.), etc. Gil-Blas, Don Quichotte, etc., 6 p.
243 **Société des Amis des arts**. Mort de Roland avant et avec l. l., Levite d'Éphraïm, Sapho, 4 p.

244 — Dame de charité, Maladie de Lascasas, Orphée et Eurydice, 3 p.
245 — La Famille affligée, d'ap. Léopold Robert.
246 — La Marée d'équinoxe, d'ap. Roqueplan.
247 — Le Vœu à la Madone, d'ap. Schnetz.
248 — Rebecca enlevée par le Templier.
249 — Le Tasse à saint Onofrio, d'ap. Robert Fleury.
250 — Les Adieux au monde.
251 — La Leçon d'Henri IV, et Henri IV, Sully et Gabrielle, 2 p., d'ap. Fragonard.
252 — L'Arioste, d'ap. Mauzaise, et les Religieux rançonnés, d'ap. Robert Fleury, 2 p.
Toutes ces pièces sont belles épreuves avec leur marge.
253 **Soutman**, d'ap. Rubens. Silène ivre, soutenu par des Satyresses. Belle composition, belle ép. avec marge, adresse de Witt.
254 — d'apr. Rubens. Chasse au lion et Sainte-Famille, 2 p.
255 **Tardieu**. Portrait de Robert le Lorrain, sculpteur. Belle ép.
256 **Tavernier**. Narcisse et Circassienne au bain.
257 **Thevenin**, 1844, d'ap. A. Scheffer. Portrait de Rossini. Belle ép. avant l. l., chine.
258 **Thomassin**, d'ap. Mignard. Le grand Dauphin, sa femme et ses trois fils, pièce historique grand in-fol. en travers. Rare.
259 **Thomassin** (H. S.) fils, d'ap. Jouvenet. Le Magnificat. Très-belle ép. avec marge.
260 **Thulden** (Th. A.), d'ap. Rubens. Neptune et les Vents. Très-belle ép.

M. 6

M. 8

2

c

710 Juign 20.

M. 3.

261 **Trouvain.** Portrait de Houasse (René-Antoine), peintre. Très-belle ép.

262 **Van der Meulen** (d'ap.). Très-grandes vues de Lille, Tournay et autres, 3 p.

263 **Vanni** (J.-B.), d'ap. P. Véronèse. Les Noces de Cana, pièce en 2 planches in-fol., B. 17. Belle ép.

264 **Vasseur** (le), d'ap. Lépicié. Quos Ego. Très-belle ép. avec marge.

265 **Velde** (Adrien Van de). La Vache et les deux Moutons, B. 11; le Bœuf pie, B. 12; les deux Vaches près de l'arbre, B. 13, 3 p. Très-belles épr.

266 **Vernet** (J.). Vues de la ville d'Avignon, 1re vue du port et de la ville de Rouen, lettre grise; port de Rochefort et le Havre, 16, 4 p. Anciennes ép.

267 **Vernet** (d'ap. H.) et autres vignettes et portraits recueillis pour les OEuvres de Molière, 40 p.

268 — Raffet et autres, vignettes pour l'Histoire de Napoléon et portraits. Très-belles ép. sur chine, 20 p.

269 **Vidal**, d'ap. Fragonard et Mlle Gérard. L'Enfant chéri et le Premier pas de l'enfance, 2 p.

270 **Volmar**, d'ap. Géricault. Le Drapeau défendu et les Chevaux de trait, 3 p.

271 **Vorsterman**, d'ap. Van Dyck. Portrait de Corneille Schut, avec Martin Van den Enden.

272 **Voyez**, d'ap. P. A. Wille. Le Bouton de rose. Belle ép.

273 **Watelet**, d'ap. Boucher. Le Petit marchand de gimblettes.

274 **Waterlo**. Les deux Hommes à la barrière, B. 66. Le Tilleul devant l'auberge, B. 113. Le Cavalier près de la haie, B. 117.

275 — Vénus et Adonis, 120, et Mort d'Adonis, 130. Belles ép.

276 **Westall** (d'ap.). Illustration pour le poème de Walter-Scott, Lord des Iles. 7 p. in-4.

277 — La Dame du Lac, in-8, sur Chine. 7 p.

278 — Ivanhoé. Bible, etc. Épr. avant l. l., et lett. grises. 12 p. chine.

279 **Wille** (J.-G.). Portrait de Louis, dauphin de France, né en 1729, d'ap. Klein. Très-belle ép.

280 — Marg. Elisab. de Largillière. Belle ép.

281 — Carolus Walliæ, prince de Galles. Belle ép.

282 — La Cuisinière hollandaise, d'ap. Metzu. Belle épr.

283 — Le petit physicien, d'ap. Netscher. Belle ép.

284 **Woollett** (W.). Shooting. Belle épr.

285 **Xavery** (G.-J.). Histoire d'Arlequin. Scènes grivoises très-plaisantes. 17 p. in-4. Très-rare.

286 — Autre suite, différentes scènes très-plaisantes d'Arlequin, Pierrot, Scaramouche, etc. 17 p. in-4.

287 Antiquités romaines gravées à l'eau-forte, par Poisson et autres. 105 p. Quelques doubles.

288 Caricatures, par Grandville, Pigal, Traviers, 34 p. coloriées en un album, carton.

289 Caricatures, pièces satyriques, costumes, etc. 10 p.

W.

dimanche
12 —

— 23 —

Hard	290 Costumes coloriés de diverses époques. 24 p.	
0	291 Costumes du duché de Toscane, d'apr. Pieraccini. 50 p. coloriées.	
Lor H	292 **Divers** allégories, statues, bas-reliefs, 16 p. Antiques et autres.	
Fer	293 — Diverses batailles de la Chine et autres. 20 p.	
Fer	294 — Batailles Duplessis-Bertaux et autres. 18 p.	1 75
Venti-	295 **Ecole Allemande**. Ecce homo. Pièce gouachée et rehaussée d'or, Van Merlen excud.	
Tous	296 — Sybilla Libyca, par P. Galle et Vesper, par Matham. 2 jolies p.	
Mey	297 **Ecole Flamande**, d'ap. Van Dyck, Rubens, 8 p.	
Hard	298 — d'apr. Rubens. Rembrandt. 4 p.	
Sur	299 **Ecole Française**. Bourdon, Poussin, etc. 16 p.	
Hard	300 — Sujets d'après Boucher, Oudry, etc. 14 p.	
Mey	301 **Ecole Italienne**. Les trois Grâces et autres. 6 p.	2
Sur	302 — d'après Le Guide, Titien, etc. 4 p.	
Fer	303 — Anciens tableaux du palais Negroni et autres, avec dédicace et signature, autographe de Toschi. 5 p.	1 50
Hard	304 — D'apr. Raphaël, Titien, etc. 8 p.	
Tous	305 — Repas des Dieux tiré de l'Histoire de Psyché et Fac-Simile. 4 p.	
Sur	306 **Lithographies**. Vues d'Espagne, etc. 10 p.	
Hard	307 — Costumes, par Deveria et autres, 26 p.	
Tous	308 — Armes polonaises et autres objets anciens et curieux, inédits. 11 p. in-fol.	

310 — Portraits, costumes, etc. 7 p.
310 — Galerie de Madame la duchesse de Berry, 85 p. sur chine. Sera divisé.
311 — Et autres, d'apr. Bonington, Meissonier, etc. 12 p.
312 **Sujets gracieux.** Plusieurs en couleur, costumes XVIIIe siècle. 21 p.
313 — d'ap. Monsiau et autres. 7 p.
314 — d'apr. Caresme, Natoire, etc. 6 p.
315 — Sujets d'enfants et autres. 12 p.
316 — Léda, par Episcopius et autres. 2 p.
317 **Vues** de France tirées de l'ouvrage de Laborde sous la direction de Née. Paris, Ile-de-France, Senlis et Valois. 12 p.
318 — Chantilly, 9 p.
319 — Lyon, etc. 6 p.
320 — Franche-Comté. 12 p.
321 — L'Hôtel de Ville. 6 tr.-grandes p.
322 — Maison carrée de Nismes. 9 g. p.
323 — Ponts sur la Dordogne, sur la Garonne, 2 gr. p.
324 — Rome, et autre vues d'Italie. 18 p.
325 — Très-grandes vues de Versailles et autres. 5 p. par Aveline.
326 — Paris et Londres, lith. par Bouton et Jaime. 10 p.
327 — Anglaises de Catane, Palerme, etc. 13 p.
328 — Vues de Russie, par Damarne-Demartrais, coloriées et lavées à l'encre, montées en dessins. 17 p.
329 — Etudes de dessin de Julien, Ferrogio, Valerio et autres. 28 p.

330 — Nombre de cartes dont : Plan de Paris illustré et carte de France de Vuillemin collés sur percaline, vernis et montés sur rouleau, 2 p ; Carte d'Europe, de Lapie, 1812, en 6 feuilles; Carte de France de Brion; Tableaux de l'Histoire ancienne; des Maladies du cheval; Indicateur universel, etc. Sera divisé en plusieurs lots.

DESSINS

331 ANONYMES. Satyre ôtant une épine du pied d'un homme, à la sanguine.
332 — Tête d'homme de profil, au pastel.
333 — Le duc d'Hamilton en pied, au crayon noir sur papier bleu.
334 BELLA (St. della). Combat de cavaliers, chevaliers traversant une rivière, et au fond combat sur un pont, très-beau dessin à la plume sur vélin.
335 BELLE (L. M. A.). Études de têtes, 4 p. — Études académiques dont Nayade endormie, 3 p. — Portrait de femme à la sanguine et autre à l'huile, en tout 9 p. Pourra être divisé.
336 — Études de paysages, lavis et autres, 10 p.
337 — Grands paysages, aquarelles et sepia, 5 p.

338 BERGHEM. Berger, bergère et animaux, croquis à la pierre d'Italie et sanguine sur papier du Japon.

339 BOUCHER (F.), 1709. La Danse allemande, titre de la gravure, par Demarteau, de ce beau dessin à la sanguine brune, représentant un berger prêt à embrasser sa bergère en dansant au son des flûtes, plusieurs jeunes filles les regardent.

340 — Buste de jeune fille de profil, le bras droit appuyé sur un mur au-dessus duquel elle regarde, charmant dessin ovale au trois crayons, in-4.

341 ✣ Chasse au lion, à la sanguine.

342 — Jeune bergère avec un enfant, aux trois crayons sur papier gris, petit f°.

343 — Petite étude de jeune fille pleurant, à la sanguine.

344 BRILL (Paul). Paysage à la plume.

345 CHAIS, 1776. A Frascati et autres, 12 p.

346 CHATELET. Vue de l'Ecueil de Scylla et de la ville bâtie sur les rochers, telle qu'elle était avant le tremblement de terre du 5 février 1783, aquarelle.

347 COUDER. Moine debout priant, grande étude au crayon noir rehaussé de blanc.

348 DYCK (A. Van). Portrait d'Adrien Stalbent, peintre, au crayon noir. Col. Decaisne.

349 — Allégorie religieuse, à la plume lavé.

350 ECOLE ALLEMANDE. Repas de seigneurs et dame avec musiciens, grisaille.

351 — Hérodiade, études de costumes, et Offrande au Temple, 3 p. Pourra être divisé.

Vente		352 — Paysages à la plume et lavés, 3 sur la même feuille.	1	
Vente		353 ECOLE FRANÇAISE. Etudes académiques au crayon noir et autre, 10 p.		
Vente		354 — Etude de tête de femme profil perdu, au trois crayons.	1	
Vente		355 — Etudes de têtes d'homme au crayon noir, etc., 4 p.	0	
Vente		356 — Scènes de tragédies, Nicomède, Timocrate, la Toison-d'Or, Théodose, Bérénice, Pulchérie, etc. 21 p. à l'encre de chine pour illustration.	5	Vig
Vent	A	357 ECOLE VÉNITIENNE. Exorcisme de possédés, à la plume lavé.	0	
Vent	A	358 GIORDANO (Lucas). Les Deux vieillards pour un tableau de la chaste Suzanne, beau dessin.		
Sur		359 GOUACHES. Vues de Strasbourg, Baden-Bade, Heidelberg, Eims, Mayence, Manheim, etc. 12 p. très-belles. Pourra être divisé.	20	
Vent	A	360 GUERCHIN (attribué à). Saint Pierre en prière,	0	
Vent	A	361 — Jeune fille qui vient d'être poignardée aux pieds de vieillards, à la sanguine.		
Vent	A	362 JEAURAT et autres (attribuées). Etudes et dessins divers, 6 p. Pourra être divisé.	3	
Fer.		363 MANDEVAER. Paysages ronds au crayon noir, rehaussé de blanc, 6 p.	1	25
Sur		364 MOLINOS, architecte. Projet de place Louis-Philippe 1er, an 1832. Recueil de 8 dessins aquarelles, broché.	2	25
Vent	A	365 POUSSIN (N.). Etudes d'armures et enseignes romaines. — Le Jeune Pyrrhus sauvé. — Moïse frappant le rocher, à la plume, 3 p. Pourra être divisé.	14 / 1	Vig / 50

49

366 SALVIATI (J.). Sujet religieux, lavé au bistre.
367 — Allégorie de la nature, au bistre.
368 — Allégorie de la Fable, à la sanguine.
Ces 3 dessins portent l'estampille de Mariette.
369 UDEN (Lucas V). Paysage rehaussé de couleur.
370 WILLE (J.-G.), 1758. Chaumière avec puits, joli dessin à la plume lavé au bistre.
371 WILLE (P.-A.), 1812. Jeune femme en corset venant d'écrire une lettre, ouvre le rideau de sa fenêtre pour la jeter. Très-beau dessin en couleur terminé comme une miniature.
372 Vingt dessins attribués à MM. Corneille, Drouais fils, P. Puget, Gouaches, etc. Pourra être divisé.
373 Etudes académiques au crayon noir, rehaussés de blanc, datées 1762, 6 p.
374 Etudes de têtes de femmes et autres, 14 p.
375 Sous ce numéro les articles omis dont environ 500 portraits, etc., etc., seront vendus en lots au commencement et à la fin des vacations.

Delacroix	21 Cartes	Vignez	1	..
Fontaine	Dessins de Mireille	Vignez	5	..
Fontaine	Gravures de Mireille		4	50
Fontaine	6 portefeuilles vides		1	50

Ristoillum

```
30 -              3726  75
69 -              3592  25
85 -              ─────────
                   134  50
                              26
           95     1375        21
           95      19         21
                 ─────        ──
                 12375        63
                  1375
119 -            ──────
153 -            26,1 25


                    19
                    30      30
                   ───      19
                   59 0     ──
                     1      70


211 -
239 x
```

78	Delacroix		21
101	Dusart		6
126	Kleurigueg		7
146	Louis XVI		1 25
165	martini		5 —
171	Meer	10-50	
175	Moreau	4.85	
211	Potter		3 25
231	Rubens	5 —	
265	Velde	21 —	
373–374	20 dessins		1

```
              10%    40.75
   950 pièces   8.15       8 25
               32.60
                         ─────
                          52-75
              20%        10-55
                         42.20
```

```
  32 60
  42 20
  ─────
  74 80
```

Renault
Nery
Rochejaune

www.ingramcontent.com/pod-product-compliance
Lightning Source LLC
Chambersburg PA
CBHW030050230526
45471CB00003B/1024